AF275060

COLEX

eBook gratuito en COLEX Online

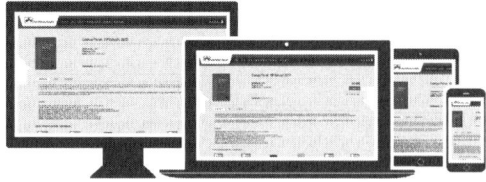

¡Gracias por confiar en Colex!

La obra que acaba de adquirir incluye de forma gratuita la versión electrónica.
Acceda a nuestra página web para aprovechar todas las funcionalidades de las que dispone en nuestro lector.

Funcionalidades eBook

**Acceso desde
cualquier dispositivo**

**Idéntica visualización
a la edición de papel**

Navegación intuitiva

Tamaño del texto adaptable

Puede descargar la APP "Editorial Colex" para acceder a sus libros y a todos los códigos básicos actualizados.

Síguenos en:

CÁLCULO DE COSTES Y PRECIOS DE FACTURACIÓN DE LOS SERVICIOS PROFESIONALES

CÁLCULO DE COSTES Y PRECIOS DE FACTURACIÓN DE LOS SERVICIOS PROFESIONALES

José Carlos Balagué Doménech

Economista. Licenciado en Dirección y Administración de Empresas. Auditor de cuentas. Perito judicial

COLEX 2024

© José Carlos Balagué Doménech

© Editorial Colex, S.L.
Calle Costa Rica, número 5, 3.º B (local comercial)
A Coruña, C.P. 15004
info@colex.es
www.colex.es

I.S.B.N.: 978-84-1194-301-7
Depósito legal: C 226-2024

ÍNDICE

1

INTRODUCCIÓN

El cómputo de los honorarios de los profesionales en general es labor siempre compleja. El profesional se mueve en este contexto en un espacio de subjetividades entre las que debe decidir. No es gratuito afirmar que ese espacio se halla por esta circunstancia ínsito en un contexto que puede ser incluido dentro del concepto de la lógica borrosa o difusa, entendiendo por tal la que, a semejanza del raciocinio humano, admite incertidumbres.

Las corporaciones profesionales: colegios y sus respectivos consejos generales, incluso la jurisprudencia en materia de honorarios profesionales, coinciden en que en el establecimiento de los honorarios, además del tiempo a invertir o invertido, han de tenerse en cuenta determinadas variables, aquí conceptuadas de esenciales.

El presente libro consiste en un estudio por el que se pretende sentar unas bases racionales para establecer criterios válidos que configuren una metodología de cálculo de los honorarios de profesionales, teniendo en cuenta las aludidas variables.

Así se verá que el único parámetro objetivo incuestionable para el cómputo de honorario es el tiempo, a invertir *(ex ante)* o invertido *(ex post)*, el cual debe modularse con la aplicación de aludidas variables esenciales, teniendo en cuenta de una parte circunstancias y situaciones que se dan en cada caso concreto y en cada profesional, de otra, reconocidas, por cierto, como se ha dicho, por todos los colegios y corporaciones profesionales como incluso por la jurisprudencia.

El carácter generalista del libro excluye las referencias a las distintas profesiones y solo en casos muy concretos, bien para ejemplificar, bien para aclarar conceptos, se hace una referencia a algunas de las múltiples profesiones.

2

ESTRUCTURA DEL LIBRO. ESQUEMA

La estructura del libro, haciendo abstracción de los apartados *3. Definición de términos, 4. Concepto de honorarios* y *5. Abolición de las tarifas orientadoras de los colegios y corporaciones profesional*, y los tres últimos, *10. Defensa, objeciones y refutaciones respecto a la determinación del precio de facturación en razón a las variables, combinadas o no, 11. Precio cerrado. Excepciones. Precio de negociación y precio marginal* y *12. Estudio comparativo de honorarios de españa y países de la Unión Europea*, lo que constituye el cuerpo del libro, expuesta en forma esquemática es la siguiente:

6. Cómputo en razón de la cuantía del asunto objeto del encargo

7. Cómputo en razón del tiempo de intervención

8. Cómputo en razón de variables

9. Procedimientos combinados

De ellos, los dos primeros, *6. Cómputo en razón de la cuantía del asunto objeto del encargo* y *7. Cómputo en razón del tiempo de intervención* no precisan aclaración por ser suficientemente explícitos

El tercero, *8. Cómputo en razón de variables* se refiere a determinadas variables esenciales, no excluyentes, mediante las que cuantificar los precios de facturación de los servicios profesionales.

3

DEFINICIÓN DE TÉRMINOS

Aun cuando la mayoría de los términos que se utilizan en el estudio son suficientemente conocidos, se ha considerado conveniente dar una definición previa de los términos más importantes y en la acepción en que se emplean[1]. Tanto la definición como la acepción son las que se corresponden con la materia y en el contexto del libro:

- **Ajuste**. Precio al que se llega entre el profesional y el cliente tras una negociación, cuando existe.

- **Caché**. Cotización de un profesional en razón a su categoría y reconocimiento profesionales.

- **Cliente**. Persona física o jurídica solicitante de los servicios del profesional a quien hace el encargo y a nombre de a quien habrá de emitirse la factura del encargo.

- **Combinado**. Unión de dos de los procedimientos de cálculo de honorarios formando otros.

- **Coste hora**. Costo de un profesional de un despacho y/o del funcionamiento del despacho referido a una hora.

- **Coste de oportunidad**. Alternativa, encargo o trabajo, a la que se renuncia por aceptar otra más lucrativa o ventajosa.

---

1   Algunos, muy generales, han sido recogidos directamente del *DRAE*, 23.ª edición.

- **Cuenta**. Unidad de registro abierta a cada cliente, a la que han de ir cargándose las facturas de honorarios y los gastos suplidos por su cuenta. También unidad de registro en la que se van cargando los tiempos —horas— de intervención para conocer en todo momento el tiempo que el profesional va invirtiendo y al final una vez cerrada, el tiempo total invertido. Se identifica con expediente.

- **Despachos pluripersonales**. Despachos en los que ejercen más de un profesional.

- **Despachos unipersonales**. Despachos en los que ejerce un solo profesional

- **Encaje**. Ajuste de cosas que cierran o se adaptan entre sí. En el presente contexto, encaje es el ajuste de los distintos componentes que conforman el precio de facturación del encargo o trabajo, formado por el precio hora de facturación más la valoración de las variables esenciales.

- **Encargo o trabajo**. Actividades o actuaciones a desarrollar *(ex ante)* o desarrolladas *(ex post)* por un profesional, para el cumplimiento de lo solicitado por el cliente. En las actuaciones de los abogados el encargo se corresponde con la dirección del litigio. En las actuaciones de los peritos judiciales, el encargo se corresponde con la prueba pericial.

- **Estándar**. Tipo, patrón, referencia. Referido a los costes y precios: costes tipo de referencia; precio tipo de referencia,

- *Ex ante, Ex post*. Antes y después de algo

- **Evaluación**. Fijar, estimar, apreciar, calcular el valor de algo.

- **Expediente**. Cuenta que se abre a cada encargo. Si un cliente tiene varios encargos procede abrir un expediente para cada encargo.

- **Firma**. Despacho

- **Ganancia**. Utilidad resultante del trabajo. En el presente contexto, diferencia entre el precio hora y el coste hora. También diferencia entre la facturación de un encargo o trabajo y su coste.

- **Honorarios**. Retribución de los servicios profesionales en el ejercicio libre de la profesión.

- **Módulo**. Medida que convencionalmente se toma como unidad, y, en general, lo que se utiliza como norma o regla.

- **Objetivo**. Carente de subjetividad.

- **Parámetro**. Factor necesario para analizar o valorar hechos o situaciones. En el presente contexto se identifica con los procedimiento de cómputo de los honorarios y muy especialmente con el de las variables.

- **Periodificación**. Término de economía de empresas. Distribuir cifras por meses, cuales por ejemplo, las de ingresos y gastos de un presupuesto anual.

- **Porcentual**. Tanto por ciento. Cantidad fijada en valor relativo referida a cien.

- **Precio hora de facturación**. Precio del encargo o trabajo referido a una hora.

- **Precio marginal**. Solo honorarios de los profesionales y el beneficio del despacho o incluso solo la parte del precio correspondiente a los honorarios

- **Precio de negociación**. El finalmente dado a un cliente, factible de ajuste.

- **Profesional**. Persona que ejerce una profesión reglada o no

- **Profesional senior**. Profesional de una organización o de un despacho con una vasta experiencia en su especialidad.

- **Profesional junior**. Profesional joven, recién terminados los estudios, generalmente con escasa o poca experiencia, y en razón a esto de la categoría dentro de la organización o del despacho.

- **Subjetivo**. Carente de objetividad.

- **Unidad**. Lugar en que se desarrollan y prestan los servicios profesionales. Se identifica con despacho.

- **Variables esenciales**. Magnitudes dentro de un conjunto que pueden tener cualquier valor. En el contexto del presente estudio, parámetros que procede tener en cuenta para la evaluación de los honorarios, indistintamente de otros criterios.

4

CONCEPTO DE HONORARIOS

Aunque resulta difícil situar en el tiempo cuándo empezó a utilizarse el vocablo honorarios para designar la retribución de los servicios profesionales, no resulta gratuito considerar que su aplicación proviene de la retribución de los servicios de los profesionales del Derecho.

En el Derecho romano existen referencias al pago de honorarios como compensación de actos propios de la profesión jurídica. En un principio los juristas debían ejercer de modo honorífico y sin percepción de cantidad alguna. La Ley Cinthia prohibía el cobro de cantidades por el ejercicio de la profesión de jurista. Posteriormente, el emperador Justiniano reconoció la licitud de la percepción de una retribución en los abogados y fue Alfonso X el Sabio, en las Partidas (Partida III, Título VI, Ley XIV), quien fijó criterios de remuneración del abogado[1].

De ahí debió nacer probablemente el sintagma *honorarios*.

El término *honorarios* tiene dos acepciones: en sentido estricto y en sentido extensivo, amplio.

En sentido estricto se corresponden exclusivamente con la retribución de los servicios de un profesional y los de sus ayudantes y/o colaboradores, por lo que no es correcto utilizar el término honorarios para referirse a un concepto mucho más amplio cual es en realidad el precio, entendido como tal

---

[1]   J. C. BALAGUÉ DOMÉNECH. *Los honorarios de peritos judiciales*, pág. 27. Editorial Colex, 3.ª edición 2023.

el importe que han de pagar el o los solicitantes del trabajo, encargo o servicio que incluyen los honorarios profesionales en sentido estricto en cuanto que costes directos del trabajo o encargo, más las alícuotas de los gastos generales del despacho y los del personal administrativo y auxiliar y el beneficio del despacho, que constituyen los honorarios en sentido extensivo, amplio. No es válido pues tomar el término de honorarios como generalmente se les toma, entendiendo incluidos en ellos, como se ha dicho, las referidas alícuotas de gastos y beneficio. El término honorarios debiera reservarse exclusivamente a la retribución de los profesionales sin inclusión en él las referidas alícuotas de gastos y beneficio.

Dado el consenso que tiene hoy el término honorarios tomándolo en sentido extensivo, amplio y sólo en tal sentido, aun cuando no conveniente, se consideran incluidos en ellos la alícuota de gastos de la actividad profesional, constituidos por los sueldos del personal administrativo y auxiliar no imputables a cuentas, alquileres del despacho; amortización de locales de oficina, cuando son propios; instalaciones, mobiliario y equipos informáticos; material de oficina; cargos de las compañías suministradoras de servicios: agua, electricidad, teléfonos; primas de seguros, etc., tanto más elevados cuanto mayor sea la estructura del despacho y categoría profesional de su o sus titulares. La pertenencia del profesional a un despacho colectivo no reduce el gasto si bien, de estar bien gestionado, tiende a minimizarse, cuestiones estas que no deben olvidar nunca el profesional, los profesionales, ya que el olvido va en su propio perjuicio.

En el presente estudio se utiliza el concepto de precio en sustitución del de honorarios dado el confusionismo que pueda existir en la consideración de los honorarios en sentido estricto y en sentido amplio.

En resumen, el precio del encargo, aparte de los honorarios, incluye la alícuota de los costes del despacho y el beneficio que, en congruencia con el beneficio industrial, se ha dado aquí en denominar beneficio profesional.

5

ABOLICIÓN DE LAS TARIFAS ORIENTADORAS DE LOS COLEGIOS Y CORPORACIONES PROFESIONALES

La Ley 25/2009, de 22 de diciembre de modificación de diversas leyes para su adaptación a la Ley sobre el libre acceso a las actividades de servicios y su ejercicio, en su artículo 5, añadió un nuevo artículo 14, a la Ley 2/1974 de 13 de febrero, de Colegios Profesionales, por el que se prohíbe a los colegios profesionales establecer baremos de honorarios orientativos o recomendados y fijar directrices, normas o reglas sobre honorarios profesionales, frase esta última que pudiera estimarse invalida cualquier pretensión de utilizar una metodología para el cálculo de honorarios, cual, incluso, la que se expone en el presente libro, si no fuera porque procede reconocer la condición de sustantividad implícito en ella, lo que excluye su materialización por medio de procedimientos y métodos que puedan emplearse para su cómputo, aspectos meramente adjetivos, lo que permite afirmar no le alcanza la prohibición.

La referida Ley 25/2009 en su artículo 5 añadió también la Disposición adicional cuarta a la aludida Ley 2/1974 de colegios profesionales, en la que se contempla una única excepción a lo dispuesto por el artículo 14, permitiendo a los colegios profesionales el establecimiento de criterios orientativos a los exclusivos efectos de la tasación de costas y de la jura de cuentas para los abogados y para el cálculo de honorarios y derechos en la tasación de costas en la asistencia jurídica gratuita.

La sentencia del TS 1684/2022, de 19/12/2022, es esclarecedora al confirmar una sentencia de la Audiencia Provincial de Córdoba impugnada por el Colegio de Abogados de Las Palmas y concluyendo en la imposibilidad de los colegios de abogados de establecer baremos de honorarios de abogados:

«(...) En cuanto a la posibilidad de que los criterios orientadores elaborados por los distintos colegios de la abogacía a tales efectos (de tasación de costes y jura de cuentas) puedan contener, o no, baremos y/o tarifas y si los mismos deben ser o no de conocimiento público y abierto, la Abogacía del Estado señala que la regulación de los Colegios Profesionales se contiene en la Ley sobre Colegios Profesionales (LCP) que, en su artículo 1, los define como "corporaciones de derecho público, amparadas por la Ley y reconocidas por el Estado, con personalidad jurídica propia y plena capacidad para el cumplimiento de sus fines (...). Asimismo, recoge en su artículo 2 el sometimiento de los mismos a la normativa de defensa de la competencia, al establecer que el ejercicio de las profesiones tituladas se ha de realizar en régimen de libre competencia y, más específicamente, se ordena que dicho ejercicio "estará sujeto, en cuanto a la oferta de servicios y fijación de su remuneración, a la Ley de Defensa de la Competencia y a la Ley sobre Competencia Desleal". Y el apartado 4 del mismo artículo estipula expresamente que "Los acuerdos, decisiones y recomendaciones de los Colegios observarán los límites de la Ley 15/2007, de 3 de julio, de Defensa de la Competencia"».

6

CÓMPUTO EN RAZÓN A LA CUANTÍA DEL ASUNTO OBJETO DEL ENCARGO

La determinación del precio en razón a la cuantía pudiera considerarse como una variable más en el cómputo por variables, concretamente la 2, Clase e importancia económica del asunto; sin embargo, el carácter objetivo del procedimiento, que no posee la variable 2, dado que su cálculo es perfectamente determinable conocida la cuantía del asunto o encargo, debe considerársele un procedimiento no incluible como variables.

En el cómputo en razón a la cuantía el precio se fija en un porcentual (%) o en un tanto por mil (‰) sobre la cuantía del asunto en el que se basa el encargo.

En el ámbito judicial, el procedimiento es aplicable para los abogados cuya única función en los litigios es ganar el pleito. Es lo que la abogacía se llama «cuota litis» o cuotalitis. En ningún caso es aplicable a los peritos judiciales cuya función es diametralmente distinta a la de los abogados, ya que la única función de los peritos es determinar la veracidad de unos hechos aplicando procedimientos objetivos.

El Diccionario panhispánico del español jurídico lo define como el «*acuerdo entre el abogado y su cliente, formalizado con anterioridad a terminar el asunto, en virtud del cual el cliente se compromete a pagar al abogado únicamente un porcentaje del resultado del asunto*».

En la modalidad de cuota litis para los abogados, no obstante lo expuesto por el Diccionario panhispánico, se dan dos casos: el acuerdo entre abogado y cliente sobre que aquel solo percibirá en concepto de honorarios un porcentaje sobre el resultado del pleito y otro consistente en un sistema mixto, en el que se fijan unos honorarios fijos y determinados y, además, otros en razón del resultado.

Conviene por último decir que el pacto de cuota litis para los abogados ha sido causa de múltiples vicisitudes consecuencia de las controversias sobre la validez o nulidad del pacto entre el Tribunal de Defensa de la Competencia (TDC) y el Consejo General de la Abogacía, habiendo llegado a los tribunales de justicia, incluso al Supremo, por considerar el TDC que el sistema de cuota litis incluía una de las conductas prohibidas. Actualmente, aun sin dejar de ser cuestionado, prevalece la validez del pacto.

Esta modalidad de fijación de precios es aplicable en otros órdenes; por ejemplo puede aplicarse en encargos de valoración de empresas o de partes de empresa sobre el valor de la valoración, Puede hacerse extensivo a otras actuaciones profesionales previo el acuerdo con el cliente.

7

CÓMPUTO EN RAZÓN DEL TIEMPO DE INTERVENCIÓN

El tiempo de intervención pudiera considerarse también como una variable más en el cómputo por variables; sin embargo, su carácter diferencial (por ser junto con el cómputo en razón a la cuantía, los únicos objetivos realmente cuantificables, lo que no sucede, como se verá, en el cálculo por variables), obliga considerarlo un procedimientos distinto.

En el parámetro basado exclusivamente en el tiempo se calcula con referencia a una unidad de tiempo. Se considera la hora como unidad idónea, sin descartar que, excepcionalmente, también pueda referirse al día o fracción de hora, El procedimiento no tiene en cuenta otros factores.

El sistema se basa en el cálculo de costes horarios estándar con cifras previsionales a principio de cada año, de modo que puedan fijarse unos precios de facturación horarios también estándar de ellos derivados, de los profesionales de un despacho profesional, con posibilidad de contrastación con las cifras reales en períodos predeterminados: mes, trimestre, semestre y año, es a ese nivel fundamental.

7.1. Hojas de distribución de tiempos

La evaluación de los honorarios en razón del tiempo exige que los profesionales en los despachos pluripersonales o el profesional individual en los unipersonales, lleven una distribución diaria del tiempo en horas a la vez que un control exhaustivo del tiempo en horas invertido en cada encargo o trabajo para su posterior cuantificación en términos económicos, y llevar siempre razón de las horas invertidas en todas y cada una de las etapas del encargo. Esta hojas son de dos clases: **hojas diarias de distribución de tiempos u hoja diaria de tiempos** y **hojas de tiempos por encargo y cliente**.

Ambas hojas son necesarias tanto en los despachos con varios profesionales como en los unipersonales.

El objeto de la llevanza de las **hojas diarias de distribución de tiempos u hoja diaria de tiempos** es llevar cuenta y razón de la distribución de las horas de cada jornada de trabajo:

Todos los profesionales deberán acostumbrarse a llevar **hojas diarias de distribución de tiempos** para conocer en todo momento en qué aplican el tiempo de la jornada laboral.

En las **hojas diarias de distribución de tiempos** se anotarán los tiempos en horas y/o fracción de hora y las **horas directas** aplicadas a cuentas, es decir invertidas en cada uno de los expedientes abiertos a cada encargo y cliente,

Existe una diferencia esencial que es necesario tener en cuenta, entre las **horas directas, las indirectas, productivas e improductivas**.

Son **horas directas productivas**, es decir, las que tienen la condición de producir, en el sentido de generar, valor económico; las imputables a trabajos o encargos; según ello se cargan a la cuenta del correspondiente encargo o trabajo.

Las **horas indirectas** son horas por extensión también **productivas** aunque no generadoras directamente en sí mismas de valor económico, y que no se imputan a ningún trabajo o encargo concreto; son horas dedicadas a trabajos productivos pero que no corresponden a ningún expediente.

Son **horas improductivas**, las horas no directas ni indirectas, y en consecuencia perdidas y que es preciso sino eliminar sí minimizar. No es ético eliminar o minimizar las horas improductivas y reducir las indirectas cargándolas para ello indiscriminadamente a expedientes. Puede hacerse, y de hecho se hace, pero no es ético.

Las **horas improductivas** son horas que se pierden dentro de la jornada laboral en cuestiones profesionales o no, ajenas a trabajos y encargos efectivos que producen valor, ingresos: horas dedicadas a trabajos útiles pero improductivos, teléfono, mensajes, whatsapps, correo electrónico, reuniones de trabajo, interrupciones, «ladrones de tiempos», etc.

El cuadro 2 muestra la referida clasificación de las horas.

CUADRO 2

CLASIFICACIÓN DE TIEMPOS – HORAS	
TIEMPOS, HORAS, PRODUCTIVOS	**TIEMPOS, HORAS, IMPRODUCTIVOS**
Horas productivas directas, aplicables a cuentas (expedientes)	Horas no directas ni indirectas
Horas productivas indirectas, no aplicables a cuentas (expedientes)	

Por ejemplo, en un despacho colectivo o unipersonal de abogados o economistas, son **horas indirectas** las horas de trabajo del profesional o profesionales dedicadas a la lectura de las nuevas disposiciones legales, consultas a la legislación sobre cuestiones relativas a trabajos que se están realizando y que no se pueden cargar a ellos como horas directas, etc. Son **horas productivas** aunque no se apliquen a expedientes.

Se anotarán también en las **hojas diarias de distribución de tiempos** las horas o fracción de **horas indirectas** así como también las **horas improductivas**.

Todas las horas aplicadas a expedientes inscritas en las **hojas diarias de distribución de tiempos** tienen un desdoble, debiendo anotarse también, además, en las **hojas de tiempos por encargo y cliente.**

Hojas de tiempos por encargo y cliente. El tiempo en horas debe imputarlas cada profesional de la unidad a una cuenta de horas para cada encargo y cliente.

Es aconsejable que los tiempos en horas aplicados en las **hojas de tiempos por encargo y cliente**, los trabajos se desglosen dentro de ellas en fases o etapas.

Deben coexistir tantas cuentas como trabajos o encargos correspondan a un mismo cliente, sin confusión alguna, de modo que se tendrán tantas cuentas por cada profesional como encargos haya.

La figura 1 corresponde a la **hoja diaria de distribución de tiempos.**

Fig. 1

HOJA DIARIA DE DISTRIBUCIÓN DE TIEMPOS (HORAS)				
Año	Mes	Hoja		
Profesional				
Fecha	Cliente	Concepto	Horas	
			de	a

La figura 2 corresponde a la **hoja de tiempos por encargo y cliente.**

Fig. 2

HOJA DE TIEMPOS (HORAS) POR ENCARGO Y CLIENTE				
Año	Mes		Hoja	
Profesional				
Cliente				
Feses	Horas		Tiempo - horas	Tiempo - horas acumuladas
	de	a		

El tiempo que cada profesional invierte antes del inicio de los trabajos en reuniones con el cliente o con otros profesionales para recibir información oral necesaria y, en su caso, para la preparación del presupuesto, debe ser tenido en cuenta *ex ante* en la confección del presupuesto y posteriormente, *ex post* en la facturación tras el cierre de la cuenta.

7.2. Recurso a un sistema de contabilidad de tiempos

Para el control diario de tiempos y su imputación a trabajos y encargos resulta eficaz el empleo de un **sistema de contabilidad de tiempos** por supuesto que ajeno e independiente al de la contabilidad financiera.

Un sistema de contabilidad[1] es aquel que se utiliza para proporcionar mediante un conjunto de cuentas según la técnica contable, información financiera y no financiera. Los sistemas de contabilidad no son *numerus clausus*.

En el caso del control de tiempos la **contabilidad de tiempos** suple a las hojas diarias de distribución de tiempos y a las **hojas de tiempos por encargo y cliente**.

En una empresa pueden coexistir distintos sistemas de contabilidad. Cada sistema ejerce un control específico de determinado grupo de hechos.

Cada sistema de contabilidad es independiente de los demás. Tiene su cuadro de cuentas propio e independiente, proporcionando la información perteneciente a cada grupo.

En síntesis, el sistema de **contabilidad de tiempos** se desarrolla través de un registro denominado **diario**, en el que se registran las horas de cada día identificando a qué encargo y cliente corresponden, y otro registro denominado **mayor** en el que se distribuyen las horas registradas en el **diario** cargadas a encargos y clientes. El **diario** es el equivalente a las **hojas diarias de distribución de tiempos** y el **mayor** a las **hojas de tiempos por encargo y cliente**.

Para la llevanza del sistema de contabilidad de tiempos son aptos los sistemas de contabilidad que abundan en el mercado.

---

1   Sobre sistemas de contabilidad ver artículo del autor «Solución para el registro y mantenimiento permanente en contabilidad de los activos inmovilizados a valores reales de mercado» publicado en la *Revista Técnica Contable y Financiera* n.º 53, La Ley, junio 2022.

El empleo del **sistema de contabilidad de tiempos** no requiere conocimientos de contabilidad sino solo el funcionamiento del sistema de contabilidad que se adopte.

7.3. Estimación del tiempo a invertir *(ex ante)*

Corresponde al cálculo de tiempos, horas, a invertir en un trabajo o encargo para la confección del presupuesto del mismo.

7.4. Evaluación del tiempo invertido *(ex post)*

El tiempo invertido *(ex post)* es, y esto no se discute, la única variable objetiva necesaria para el cómputo del precio total de cada encargo o trabajo, no así el precio al que han de valorarse las horas para obtener el precio total, ya que se plantea en él de nuevo la carga subjetiva inmanente en cada categoría profesional. La fórmula de cálculo que se expone a continuación elimina esa carga de subjetividad convirtiendo en un modelo absolutamente objetivo.

En la cuantificación del **precio en razón al tiempo**, tanto *ex ante* como *ex post* de dedicación o de intervención en cada cuenta, evaluado al **precio hora de facturación** calculado, pudiera considerarse a las variables subsumidas en el valor de los honorarios calculado. Sin embargo el procedimiento de cálculo en función solo del tiempo ignora a las variables.

Para la cuantificación de la referida unidad de tiempo se toman los costes directamente imputables a un profesional, cuales son su retribución y las cargas que la gravan y rendimiento en el sentido de la ganancia que sobre los costes pretenden obtenerse.

En los despachos profesionales. asesorías, consultorías, despachos y bufetes de abogados los profesionales seniors y juniors son quienes cargan horas en cada cuenta. No obstante, el personal administrativo en determinados casos puede también cargar horas a cuentas.

7.5. Clasificación de las unidades, despachos, a efectos del cálculo de los costes hora y precios hora de facturación

Se conviene en denominar **unidades o despachos pluripersonales homogéneos**, generalmente organizados en forma de sociedad mercantil profesional, en las que se da unidad de dirección, los profesionales seniors y juniors, socios o no, son retribuidos por la sociedad mediante un sueldo mensual, ello aparte de la posible participación en el resultado positivo del ejercicio si son socios. Los clientes son de la sociedad, y la facturación corre a cargo exclusivo de la sociedad.

Otra forma de organización de las **unidades** o **despachos pluripersonales homogéneos** es aquella en la que, como en el anterior, es la sociedad la que factura y cobra a los clientes del despacho las actuaciones realizadas por los profesionales seniors y juniors y estos, a su vez, facturan y cobran de la sociedad las intervenciones por ellos realizadas.

Se conviene asimismo en denominar **unidades** o **despachos pluripersonales colectivos** formados por profesionales independientes, en los que los profesionales, socios o no, son independientes de la sociedad y cada uno factura y cobra de sus clientes por los servicios realizados y contribuye mediante una cuota acordada a los gastos comunes del despacho.

En los **despachos pluripersonales colectivos** cada profesional debe calcular sus costes y precios de facturación independiente por el sistema de los despachos unipersonales, pues aun cuando pertenezcan a un despacho pluripersonal es colectivo y los profesionales son dentro de la unidad independientes.

Pueden dase también **despachos pluripersonales mixtos** en los que se dan los dos modalidades de organización.

7.6. Cálculo de costes hora y precios hora de facturación de unidades (despachos) pluripersonales homogéneas

Para el cálculo de costes hora y precios hora de facturación de unidades pluripersonales homogéneas se aplica el sistema contabilidad de costes conocido como **sistema de cálculo de costes por secciones homogéneas, de Schneider**. De ahí que se haya empleado el calificativo de **homogéneas** a las unidades o despachos pluripersonales que tienen las características antes descritas.

El procedimiento es no tan solo idóneo sino el único para el **cálculo de los costes hora** de todos y cada uno de los profesionales de los **despachos pluripersonales homogéneos**, con el que se obtiene el **coste hora** de cada profesional senior y junior El método es de aplicación general, por lo que puede implementarse en todos los **despachos pluripersonales homogéneos** cualquiera que sea su actividad, especialidad y dimensión.

Simultáneamente con el cálculo de los costes hora de los distintos profesionales, en los **despachos pluripersonales homogéneos** se calculan el **precios hora de facturación** de cada profesional senior y junior.

7.7. Cuadro de costes hora y de precios hora de facturación

Para los referidos cálculos se utiliza el **cuadro de costes hora y precios hora de facturación**.

El cuadro 3 reproduce el modelo del cuadro.

CUADRO 3

		CUADRO DE COSTES HORA Y PRECIOS				
		Total profesionales seniors y juniors 30				Seniors 10
		Unitario	Seniors y juniors	Profesionales		
Filas	Datos			Subtotal	Sr. A	Sr. B
1	Días año					
2	Deducciones					
3	Sábados y domingos					
4	Festivos					
5	Otros días no laborables					
6	Vacaciones					
7	Total días laborables					
8	Horas trabajo diarias					
9	Horas trabajo año					
10	% horas no directas					
11	Horas no directas profesionales seniors y juniors (no facturables)					
12	Horas directas profesionales seniors y juniors (facturables)					
13	Remuneraciones brutas seniors y juniors, personal administratio y auxiliar					
14	Seguridad social cargo empresa					
15	Total remuneraciones seniors y juniors más seguridad social cargo empresa					
16	Total remuneraciones personal administración más seg. Soc. cargo despacho					
17	Gastos despaho y oficinas					
18	Incorporación costes personal administración y auixiliar					
19	Total costes despacho sin remuneraciones seniors y junios					
20	Total remuneraciones + Total gastos despacho					
21	Beneficio despacho					
22	Total remuneraciones + Total gastos despacho + Beneficio					
23	Coste hora estandar profesionales seniors y juniors					
24	Coste hora estándar media seniors y juniors					
25	Coste hora estadar alícuota gastos despacho y ofic. + personal admin. y aux.					
26	Coste hora total estándar (coste hora remuneraciones + alícuota gastos)					
27	Beneficio hora despacho					
28	Precio hora facturaciónesstándar (coste hora total + beneficio hora)					

HORA DE FACTURACIÓN. MODELO												
Seniors 10			Juniors 20					Personal administrativo y auxiliares 12				
seniors			Juniors					Administrativos y auxiliares				
Sr. C	....	Sr. X	Subtotal	Sr. H	Sr. I	Sr. J	....	Sr Z	Total	Sr. Aa	Sr. Ab	....	Sr. Az

7.8. Cuadro de costes hora estándar y de precios hora de facturación estándar

Es la adaptación del modelo al **cuadro de costes hora estándar y precios hora de facturación estándar**, calculados con cifras presupuestarias.

En el cuadro, en columnas, constan todos y cada uno de los profesionales del despacho clasificados en profesionales seniors y juniors, así como el personal administrativo y auxiliar, de modo que a cada profesional y empleado le corresponde datos constantes en las filas.

El cuadro, en filas, está distribuido en seis partes o grupos de datos. En la primera parte o grupo constan los días del año, la deducción de domingos, festivos y otros no laborables y vacaciones, obteniéndose el total de días laborables del año. El segundo grupo consta la conversión de días laborables del año en horas de trabajo, en base a 8 horas diarias. La deducción de las horas no directas, incluyendo en ellas las indirectas aplicando porcentajes basados en la experiencia que suponen las indirectas sobre las horas totales, y las improductivas, sin discriminación entre ambas, obteniéndose las **horas directas** que son las facturables. En el tercer grupo constan las remuneraciones por sueldos y otros conceptos de los profesionales seniors y juniors y del personal administrativo y auxiliar y la seguridad social a cargo del despacho. El cuarto grupo constan los gastos del despacho y la incorporación de los costes del personal administrativo y auxiliar, puesto que, salvo excepciones, se considera que este personal no incorpora horas directas a los expedientes. En el quinto grupo consta el total de las remuneraciones de los profesionales senior y junior más gastos del despacho, la previsión del beneficio que debe tener el despacho en el año y el total de las remuneraciones y gastos y el beneficio. En el sexto y último grupo consta los **costes hora estándar** de seniors y juniors obtenidos por cociente entre las remuneraciones de seniors y juniors y los gastos del despacho incluidos los sueldos del personal administrativo y auxiliar, divididos por las horas directa, al cual sumado el **beneficio hora estándar** se obtiene el **precio hora de facturación estándar**.

En el caso de que se prevea que el personal administrativo habrá de cargar horas a expedientes procederá adaptar el cuadro a tal circunstancia.

El cuadro debe confeccionarse a principio del año con cifras deducidas de un **presupuesto anual de ingresos** (facturación prevista) y **gastos**, presupuesto que habrá de prepararse siguiendo la normativa que en economía de empresa se conoce por **sistema presupuestario**.

El **sistema presupuestario** se utiliza hoy en la mayoría de las empresas, y consiste en la **preparación de un presupuesto anual de ventas o ingresos, costes, gastos y resultados**. El sistema hace posible planificar políticas de ventas y de dirección preestablecidos aplicadas a la obtención del beneficio de la empresa, y previsión de resultados a alcanzar mensualmente.

El cuadro 4 reproduce un ejemplo con cifras del **cuadro de costes hora estándar y de precios hora de facturación estándar**.

CUADRO 4

				CUADRO DE COSTES HORA ESTÁNDAR Y		
Año: 20XX						
				Total profesionales seniors y juniors 30		Seniors 10
			Seniors y juniors	Profesionales		
Filas	Datos	Unitario		Subtotal	Sr. A	Sr. B
1	Días año	365	10.950	3.650	365	365
2	Deducciones					
3	Sábados y domingos	104	3.120	1.040	104	104
4	Festivos	12	360	120	12	12
5	Otros días no laborables	4	120	40	4	4
6	Vacaciones	30	900	300	30	30
7	Total días laborables	215	6.450	2.150	215	215
8	Horas trabajo diarias	8	8	8	8	8
9	Horas trabajo año	1.720	51.600	17.200	1.720	1.720
10	% horas no directas	20	20	20	20	20
11	Horas no directas profesionales seniors y juniors (no facturables)	344	10.320	3.440	344	344
12	Horas directas profesionales seniors y juniors (facturables)	1.376	41.280	13.760	1.376	1.376
13	Remuneraciones brutas seniors y juniors, personal administratio y auxiliar		1.320.000	720.000	72.000	72.000
14	Seguridad social cargo empresa		267.750	189.000	21.000	21.000
15	Total remuneraciones seniors y juniors más seguridad social cargo empresa		1.587.750	909.000	93.000	93.000
16	Total remuneraciones personal administración más seg. Soc. cargo despacho					
17	Gastos despaho y oficinas		639.000			
18	Incorporación costes personal administración y auixiliar		304.163			
19	Total costes despacho sin remuneraciones seniors y junios		943.163			
20	Total remuneraciones + Total gastos despacho		2.530.913			
21	Beneficio despacho		1.000.000			
22	Total remuneraciones + Total gastos despacho + Beneficio		3.530.913			
23	Coste hora estandar profesionales seniors y juniors				68	68
24	Coste hora estándar media seniors y juniors			66		
25	Coste hora estadar alícuota gastos despacho y ofic. + perconal admin. y aux.			23	23	22
26	Coste hora total estándar (coste hora remuneraciones + alícuota gastos)			89	90	90
27	Beneficio hora despacho			24	24	24
28	Precio hora facturaciónesstándar (coste hora total + beneficio hora)			113	114	114

PRECIOS HORA DE FACTURACIÓN ESTÁNDAR (CALCULADOS CON CIFRAS PRESUPUESTARIAS)

| Seniors 10 | | | Juniors 20 | | | | | | Personal administrativo y auxiliares 12 | | | | |
| seniors | | | Juniors | | | | | | Administrativos y auxiliares | | | | |
Sr. C	....	Sr. X	Subtotal	Sr. H	Sr. I	Sr. J	....	Sr Z	Total	Sr. Aa	Sr. Ab	....	Sr. Az
365		365	7.300	365	365	365		365	4.380	365	365		365
104		104	2.080	104	104	104		104	1.248	104	104		104
12		12	240	12	12	12		12	144	12	12		12
4		4	80	4	4	4		4	48	4	4		4
30		30	600	30	30	30		30	360	30	30		30
215		215	4.300	215	215	215		215	2.580	215	215		215
8		8	8	8	8	8		8	8	8	8		8
1.720		1.720	34.400	1.720	1.720	1.720		1.720	20.640	1.720	1.720		1.720
20		20	20	20	20	20		20					
344		344	6.880	344	344	344		344					
1.376		1.376	27.520	1.376	1.376	1.376		1.376					
2.000		60.000	600.000	30.000	30.000	30.000		30.000	40.000	20.000	18.000		17.000
21.000		17.500	78.750	8.750	8.750	5.833		5.833	4.163	5.833	5.250		4.958
93.000		77.500	678.750	38.750	38.750	35.833		11					
									304.163	25.833	23.250		21.958
68		56		28	28	26		26					
			25										
22		22	22	22	22	22		22					
90		78	47	50	50	48		48					
24		24	24	24	24	24		24					
114		102	71	74	74	72		72					

Las horas no directas (línea 11) se computan en el 20 % de las horas de trabajo del año. Los gastos de despacho y oficinas (línea 17) se computan en una cifra estimada para el año. El beneficio del año (línea 21) se corresponde con una previsión. Los costes hora estándar de cada senior y junior (línea 23) se hallan dividiendo sus respectivas remuneraciones por sus horas directas estimadas. El coste hora estándar medio de seniors y juniors (línea 24) se halla dividiendo el total de remuneraciones más seguridad social a cargo despacho de los grupos seniors y juniors por sus respectivas horas directas estimadas. El coste hora estándar de las alícuotas de gastos despacho y oficinas más gastos del personal administrativo y auxiliar (línea 25) se hallan dividiendo los costes totales del despacho por las horas directas totales. Este coste se distribuye por igual entre seniors y juniors. El coste hora total estándar (línea 26) se halla por suma del coste hora estándar de seniors y juniors y el coste hora estándar de la alícuota de gastos. El beneficio hora estándar (línea 27) se halla dividiendo el beneficio previsto por las horas directas totales. El beneficio hora estándar se distribuye por igual entre seniors y juniors. El precio hora de facturación estándar (línea 28) se halla por suma del coste hora total estándar y beneficio hora estándar de seniors y juniors.

7.9. Costes hora reales y precios hora de facturación reales

En disposición del **coste hora estándar** y del **precio hora de facturación estándar** obtenidos del **correspondiente cuadro** procede calcular periódicamente el **cuadro de costes hora reales y precios hora de facturación reales** utilizando para ello el correspondiente **modelo del cuadro de costes hora reales y de precios hora de facturación reales.**

7.10. Cuadro de costes hora reales y de precios hora de facturación reales

Con una periodicidad determinada, mensual, trimestral, semestral, etc., aun cuando se recomienda la periodicidad mensual, procede cumplimentar el **cuadro de costes hora reales y precios hora de facturación reales.**

En el **cuadro de costes hora reales** y de **precios hora de facturación reales** se transcribirán las horas del período de las **hojas de tiempos por encargo y cliente** de cada profesional senior y junior y sus respectivas costes reales obtenidos de la contabilidad de la unidad. Efectuando los mismos cálculos que en el **cuadro de costes hora estándar y de precios hora de facturación estándar** se obtienen los **costes hora reales y precios hora de facturación reales**, es decir con las cifras reales del período objeto de cálculo.

7.11. Comparación de los costes hora reales y de precios hora de facturación reales y estándar. Cálculo de desviaciones

Por comparación entre los **costes hora y de los precios hora de facturación reales** y los **costes hora y de precios de facturación estándar** se calcularán las desviaciones que podrán ser **positivas**, si los costes hora reales y precios hora de facturación reales son superiores a los estándar, o **negativas**, en caso contrario. Para ello, en el cuadro de costes hora reales y de precios hora de facturación reales se reproducirán los **costes hora estándar y precios hora de facturación estándar** calculados.

El cuadro 5 reproduce el modelo del cuadro **costes hora reales y precios hora de facturación reales**.

CUADRO 5

CUADRO DE COSTES HORA Y PRECIOS HORA DE FACTURACIÓN REALES, MENSUAL EN AVANCE,						
Año:			Mes:			
			Total profesionales seniors y juniors 42			Seniors 10
		Unitario	Seniors y juniors	Profesionales		
Filas	Datos			Subtotal	Sr. A	Sr. B
1	Horas trabajo mes					
2	Horas no directas profesionales seniors y juniors (no facturables)					
3	Horas directas profesionales seniors y juniors (facturables)					
4	Remuneraciones brutas seniors y juniors, personal administrativo y auxiliares					
5	Seguridad social cargo unidad (despacho)					
6	Total remuneraciones seniors y juniors más seguridad social cargo unidad					
7	Total remuneraciones personal administración más seg. Soc. cargo unidad					
8	Gastos despacho y oficinas					
9	Incorporación costes personal administración y auxiliar					
10	Total costes despacho sin remuneraciones seniors y junios					
11	Total remuneraciones + Total gastos despacho					
12	Beneficio despacho					
13	Total remuneraciones + Total gastos despacho + Beneficio					
14	Coste hora real profesionales seniors y juniors					
15	Coste hora real profesionales seniors y juniors					
16	Coste hora real alícuota gastos despacho y ofic. + personal admin. y aux.					
17	Coste hora total real (coste hora remuneraciones + alícuota gastos)					
18	Precio hora facturación real (coste hora total + beneficio hora)					
19	Precio hora facturación estándar					
20	Desviación con el estándar					
21	Desviación coste hora resal sobre (+) / bajo (-) el estándar					
22	Deaviación precio hora facturación real resal sobre (+) / bajo (-) el estándar					

COMPARADOS CON LOS ESTÁNDAR, Y DETERMINACIÓN DE LAS DESVIACIONES. MODELO												
Seniors 10			Juniors 20					Personal administrativo y auxiliares 12				
seniors				Juniors					Administrativos y auxiliares			
Sr. C	....	Sr. X	Subtotal	Sr. H	Sr. I	Sr. J	....	Sr Z	Total	Sr. Aa	Sr. Ab	....	Sr. Az

Las filas correspondientes a las desviaciones entre se han sombreado.

Para la operativa de la generación de los cuadros de costes hora y de precios hora de facturación estándar y reales puede resultar idóneo la utilización de tablas dinámicas.

Una tabla dinámica es un instrumento para el procesamiento de datos; permite hacer comparaciones entre ellos, por lo que es muy recomendable su utilización.

7.12. Unidades unipersonales

Para la determinación de los costes **hora y precios hora de facturación estándar y reales** se sigue idéntico criterio que en los despachos pluripersonales con un cuadro simplificado.

El cuadro 6 reproduce un ejemplo de de cuadro de cálculo de costes hora y de precios hora de facturación estándar y reales para los despachos unipersonales:

CUADRO 6

	CUADRO DE COSTES HORA ESTÁNDAR Y PRECIOS HORA DE FACTURACIÓN ESTÁNDAR					Administrativos 3		
Año:								
		Unitario	Total	Profesional	Total	Aa	Ab	Sr
Filas	Datos							
1	Días año	365	1.460	365	1.095	365	365	365
2	Deducciones							
3	Sábados y domingos	104	416	104	312	104	104	104
4	Festivos	12	48	12	36	12	12	12
5	Otros días no laborables	4	16	4	12	4	4	4
6	Vacaciones	30	120	30	90	30	30	30
7	Total días laborables	215	860	215	645	215	215	215
8	Horas trabajo diarias	8	8	8	8	8	8	8
9	Horas trabajo año	1.720	6.880	1.720	5.160	1.720	1.720	1.720
10	% horas no directas	20	20	20	20	20	20	20
11	Horas no directas profesional y admi-nistrativos	344	1.376	344	1.032	344	344	344
12	Horas directas profesional y administrati-vos (facturables)	1.376	5.504	1.376	4.128	1.376	1.376	1.376
13	Remuneraciones brutas profesional y administrativos		103.000	48.000	55.000	20.000	18.000	17.000
14	Seguridad social cargo despacho		33.990	15.840	18.150	6.600	5.940	5.610
15	Total remuneraciones profesional y administrativos + seg.soc. cargo despacho		136.990	63.840	73.150	26.600	23.940	22.610
16	Gastos totales despacho (alquileres y varios)		30.000					
17	Total remuneraciones + Total gastos despacho		166.990					
18	Beneficio despacho		300.000					
19	Total remuneraciones + Total gastos despacho + Beneficio		466.990					
20	Coste hora estandar profesional			46				
21	Coste hora estandar administrativos					19	17	16
22	Coste hora estandar medio profesional y administrativos		25					
23	Coste hora estandar alícuota gastos despacho		5					
24	Coste hora total estándar (coste hora remuneraciones + alicuota gastos)		30	52		25	23	22
25	Beneficio hora despacho		55					
26	Precio hora facturación estándar (coste hora total estand+benef. hora estand.)		85	106		79	77	76

	Se ha designado por profesional al titular del despacho unipersonal.
	Las horas del personal administtativo, decucidas las no directas son horas directas.
	Se ha prescindio de los decimales.
11	Las horas no directas se caculan en el 20 % sobre las horas de trabajo del año.
13	Sueldo asignado por el profesional.
16	Gastos despacho y oficinas corresponden a la cifra estimada del año.
18	El bebenficio es una previsión.
20, 21	Los costes hora estándar del profesional y adminisratvos se hallan dividiendo su remuneración por lss horas directas.
22	El coste hora estándar medio del profesional y admiistrativos se halla dividiendo el total de remuneraciones más seguridad social a cargo despaco por las horas directas.
23	El coste hora estándar de la aícuota de gastos despacho se halla dividiendo los costes totales del despacho por las horas diectas totales.
24	El coste hora total estándar se halla por suma del coste hora estándar y el coste hora estándar de la alícuita de gastos
25	El beneficio hora estándar se halla dividiendo el beneficio despacho por las horas directas totales.
26	El precio hora de facturación estándar se halla por suma del coste hora total estándar y el benficio hora estándar.
	El cuadro proporciona el coste hora estándar medio y el precio hora estándar medio de facturación.

7.13. Decisión sobre los precios hora de facturación a aplicar en los períodos subsiguientes a los cálculos

Calculados los **precios hora de facturación reales** del mes, la dirección de la **unidad pluripersonal homogénea** o el **profesional de la unidad unipersonal** habrán de determinar si en los períodos subsiguientes convine seguir aplicando los **precios hora de facturación estándar** o se considera más conveniente aplicar los **precios hora de facturación reales** calculados. Como es obvio la aplicación de **precios hora de facturación reales** en las facturaciones de los trabajos y encargos subsiguientes es de una mayor realidad que seguir aplicando los precios hora de facturación estándar. Sería recomendable adaptar los precios hora de facturación a los periódica o mensualmente obtenidos del **cuadro de costes hora y precios hora de facturación reales**, si bien existe el inconveniente que supone la periódica variación de precios.

Es una decisión que ha de tomar la dirección de los unidades pluripersonales y el profesional individual en las unipersonales.

7.14. Alternativa para grandes despachos

Es una aplicación altamente sofisticada. Los grandes despachos sean de la especialidad que sean, convendría adoptaran un **sistema de contabilidad analítica**, sistema vedado por su complejidad a los medianos y pequeños despachos y no dejan de ser no dificultoso pero sí altamente compleja para los aludidos grandes despachos, para cuyo sistema de contabilidad se requieren conocimientos de contabilidad analítica.

8

CÓMPUTO EN RAZÓN DE LAS VARIABLES ESENCIALES

Parte de la premisa de que, como ya se ha apuntado al principio, no es correcto computar los honorarios sólo en razón del tiempo a invertir o invertido en la realización de un encargo según se ha erróneamente generalizado sin tener en cuenta determinadas variables. El tiempo debe tomarse únicamente como un referente.

La combinación de los procedimientos de evaluación de los honorarios en razón del tiempo y de las variables esenciales es posible además de necesaria.

No se trata de facturar **en razón del tiempo** o solo en razón del tiempo, sino de facturar, además de en razón del tiempo, **en razón a variables** que tengan en cuenta los conocimientos del o de los profesionales ínsitos en ese tiempo y de las circunstancias que se dan en cada encargo o trabajo concreto comprendida en las variables esenciales.

Ejemplo: Un médico cirujano no facturará nunca por las horas de duración de una intervención quirúrgica sino por la aplicación de variables esenciales. Aun cuando de las variables solo tenga in mente de ellas un concepto global, el precio de la intervención quirúrgica será la combinación de las variables o del concepto abstracto que tenga de las mismas consecuencia de la concatenación de las siguientes: naturaleza y complejidad de la intervención (variable 4); clase e importancia de la intervención evaluada en términos médicos (variable 2), condición y capacidad económica del paciente (variable 5), dificultades previstas hallar *(ex ante)* o halladas *(ex post)* en la intervención (variable 3), urgencia (variable 6), nivel de conocimientos requeridos por parte del cirujano y sus colaboradores. Experiencia (variable 7), categoría profesional reconocida (variable 8). Es obvio que el cirujano no va a cobrar los mismos honorarios por la operación de una apendicitis a un trabajador asalariado que una cirugía a corazón abierto o el trasplante de corazón de un multimillonario.

La jurisprudencia es coincidente y viene a avalar, en síntesis, la naturaleza de las variables esenciales ya que ha reconocido desde siempre la existencia de las referidas variables esenciales, no excluyentes, aun cuando sin los adjetivos que aquí se les dan, a tener en cuenta en la cuantificación de los precios de facturación de los servicios profesionales. La Sentencia del TS de 12 de julio 1984, es en este aspecto singularmente significativa.

Sentencia del TS de 12 de julio 1984, vigente la Ley de Enjuiciamiento Civil anterior

«… la retribución económica de los denominados servicios superiores o de las profesiones liberales, pueden ser fijadas discrecionalmente en su cuantía por el acreedor, pero siempre acomodándose a unas pautas orientadoras (naturaleza del asunto, valor económico, amplitud y complejidad de la labor desarrollada, etc.) excluyentes de posibles excesos en la exigencia del derecho de crédito. Y las tarifas de honorarios de los Colegios, si bien son normas genéricas corporativas carecen de eficacia vinculante a la hora de resolver y no impide que los obligados al desembolso impugnen por excesiva la minuta, de la misma manera que no constriña al organismo jurisdiccional en trance de fijar la compensación dineraria que estime justa por la tarea efectuada…».

El código deontológico de los economistas, publicado por el Consejo General de Economistas de España, dispone que «el economista tiene plena libertad para pactar con sus clientes la cuantía de sus honorarios profesionales, teniendo en cuenta factores como el volumen de trabajo realizado o previsto y al tiempo requerido o invertido; el contenido, dificultad y complejidad de ese trabajo; la importancia del asunto para el cliente y su relevancia social; la experiencia y cualificación de las personas que participan en el mismo y, en su caso, la capacidad económica de las personas involucradas»[1].

Las variables son básicas y no excluyentes, y deben ser consideradas conjuntamente. La mayoría de ellas se hallan concatenadas entre sí. Todas son esenciales para cuantificar el monto de los honorarios.

El procedimiento de cómputo de honorarios en razón de variables esenciales pretende fijar criterios válidos, no ya, precisamente, para eliminar la carga de subjetividad inmanente en la cuantificación de tales honorarios, que el procedimiento ineluctablemente lleva implícito, ni siquiera intentar minimizarla, lo que es imposible, sino utilizar un medio, para evaluarlos. A nadie se le oculta que la metodología que se propone para ello se presta a especulaciones por parte del profesional, y eso es precisamente lo que mantiene esa inmanencia.

8.1. Variables a considerar en la cuantificación de los honorarios

Son las siguientes:

1. Naturaleza y complejidad del asunto objeto del encargo
2. Clase e importancia económica del asunto objeto del encargo (para los abogados el *quantum* del litigio)
3. Clase e importancia del trabajo a realizar *(ex ante)* o realizado *(ex post)*
4. Condición, importancia y capacidad económica del o de los solicitantes del encargo
5. Dificultades previstas hallar *(ex ante)* o halladas *(ex post)* en la realización del encargo
6. Urgencia con que haya de ser o haya sido realizado el encargo

---

1 *Código deontológico*. Consejo General de Economistas. Diciembre 2017.

7. Nivel de conocimientos requeridos por parte del profesional y sus colaboradores para su realización. Experiencia

8. Categoría profesional o rango del profesional (caché) o del despacho.

9. Mérito de la actuación apreciada por el propio profesional en razón al trabajo realizado

10. Importancia del informe en el resultado del negocio de que se trate. En pruebas periciales en procedimientos judiciales, importancia del dictamen o informe pericial en la decisión del litigio.

Las seis primeras y la 10 pueden calificarse de variables exógenas en tanto que ajenas al profesional, mientras que las otras tres son endógenas, es decir, propias e inherentes a él.

Variable 1. Naturaleza y complejidad del asunto objeto del encargo. El mayor o menor grado de complejidad del encargo es un factor trascendente a tener en cuenta e la fijación de los honorarios.

Variable 2. Clase e importancia económica del asunto objeto del encargo. Variable cuantificable económicamente y aún no siempre. (En el ámbito judicial los pleitos de cuantía indeterminada)

Variable 3. Clase e importancia del trabajo a realizar (ex ante) o realizado (ex post). La mayor o menor importancia del trabajo a realizar o realizado es el factor clave para la evaluación. Es obvio que no puede valorarse igual un trabajo de poca importancia que uno de gran importancia.

Variable 4. Condición, importancia y capacidad económica del o de los solicitantes del encargo. La importancia, en cuanto a capacidad económica del o de los solicitantes del encargo es otra variable relevante para el cómputo de los honorarios. En el ámbito judicial y referido a las pruebas contables y económicas, no puede cuantificarse igual un encargo solicitado en un litigio entre empresarios de pymes que cuando se trata de compañías multinacionales; es obvio que los honorarios no pueden ser en ningún caso los mismos.

Variable 5. Dificultades previstas hallar *(ex ante)* o halladas *(ex post)* en la realización del encargo. Las dificultades sólo pueden ser evaluadas realizado el encargo *(ex post)*, no obstante pueden preverse antes del inicio del encargo. No pueden cualificarse de la misma forma un encargo sin apenas dificultades. para el que sólo son precisos unos mínimos conocimientos, por lo que puede ser realizado por un profesional junior, con poca experiencia, que uno que se prevé habrá de comportar o ha comportado muchas dificultades en su realización, que para solventarlas se requiere del profesional vastos conocimientos, lo que exige años de experiencia en la profesión.

Variable 6. Urgencia con que haya de ser o haya sido realizado el encargo. La urgencia en la realización del encargo antes o una vez realizado, es también un factor relevante para la fijación de los honorarios.

Variables 7. Nivel de conocimientos requeridos por parte del profesional y sus colaboradores, para su realización. Experiencia. En determinados trabajos muy complejos, la experiencia es básica para su realización.

Variable 8. Categoría profesional o rango del profesional (caché) o del despacho.

Variable 9. Mérito de la actuación (e su acepción como valoración) apreciada por el propio profesional en razón a la calidad del trabajo realizado.

Las variables 7, 8 y 9 son elementos decisivos a evaluar por el profesional, en razón al nivel de conocimientos poseídos, adquiridos en años de ejercicio de la profesión y especialidad y el prestigio profesional basado en su reconocimiento profesional. Las variables 7 y 8 son hasta cierto punto consustanciales entre sí. En ocasiones, en las pruebas periciales, una prueba del mérito la da el propio juez en la sentencia, no siempre, en forma de reflexión valorativa encomiástica del dictamen o informe emitido por el profesional actuante y aportado al procedimiento. Este tipo de valoraciones sirven al profesional para autoevaluarse. Procede tener en cuenta también para su autovaloración la obra escrita: libros, monografías publicadas sobre la especialidad que le hacen acreedor de tal rango.

Variable 10. Importancia del informe en el resultado del negocio de que se trate. En pruebas periciales en procedimientos judiciales, importancia del dictamen o informe pericial en la decisión del litigio.

Es otro de los factores a tener en cuenta ínsito en la probabilidad virtual del resultado.

La mayoría de las variables, por su propia naturaleza, se hallan concatenadas unas con otras.

8.2. Calificación de las variables. Niveles de equivalencia

Determinadas las variables con incidencia directa en la cuantificación de los precios de los servicios, y de ahí su calificación de variables esenciales, deben clasificarse por grados de calificación y niveles. En la metodología propuesta la calificación se hace en razón a una escala axiológica de cinco puntos.

En la asignación de las calificaciones se presenta de nuevo la carga de subjetividad que acompaña a todas las etapas de la evaluación, a la cual no es posible sustraerse, aunque sí minimizarse.

Calificación	Niveles de equivalencia
ninguno/a	nulo
escaso(s)/a(s), poco(s)/a(s)	bajo
bastante(s)	medio
mucho(s)/a(s)	alto
muchísimo(s)/a(s)	muy alto

Las calificaciones y niveles asignados a cada una de las variables son la siguientes:

Variable 1. Naturaleza y complejidad del asunto objeto del encargo.

Se le asignan cuatro calificaciones: **poca, bastante, mucha, muchísima**; niveles de equivalencia: **bajo, medio, alto, muy alto**. La propia naturaleza de la variable excluye la calificación de **nula**.

Encargo de **poca** complejidad, nivel **bajo**, sin complicaciones, fácil de realizar. Requiere *(ex ante)* o ha requerido *(ex post)* muy poco tiempo de análisis y estudio.

Encargo de **bastante** complejidad, nivel **medio**, comporta alguna complicación en su realización. Requiere *(ex ante)* o ha requerido *(ex post)* cierto tiempo de análisis y estudios dada su complejidad.

Encargo de **mucha** complejidad, nivel **alto**, complejo, difícil de enfocar y de realizar. Requiere *(ex ante)* o ha requerido *(ex post)* mucho tiempo de análisis y estudios dada su complejidad.

Encargo de **muchísima** complejidad, nivel **muy alto**, sumamente complicad, que comporta grandes dificultades en su realización. Requiere *(ex ante)* o ha requerido *(ex post)* un elevado número de horas de análisis y estudios.

Variable 2, Clase e importancia económica del asunto objeto del encargo.

Grados de calificación: **poca, bastante, mucha, muchísima**. Niveles de equivalencia: **bajo, medio, alto, muy alto**. La propia naturaleza de la variable excluye la calificación de nula.

Un asunto de **poca** importancia, nivel **bajo**, podría calificarse aquel que su cuantía es menor o igual, por ejemplo, a cinco dígitos sin superar los seis dígitos ($5d < c < 6d$; en donde c = cuantía; d = dígitos).

Un asunto de **bastante** importancia, nivel **medio**, podría calificarse aquel que su cuantía es superior, por ejemplo, a seis dígitos sin superar los siete dígitos ($6d < c < 7d$).

Un asunto de **mucha** importancia, nivel **alto**, podría calificarse aquel que su cuantía es superior, por ejemplo, a siete dígitos sin superar los ocho dígitos ($7d < c < 8d$).

Un asunto de **muchísima importancia**, nivel **muy alto**, podría calificarse aquel que su cuantía es superior, por ejemplo, ocho dígitos sin superar los nueve dígitos ($8d < c < 9d$).

La clasificación de las variables en orden a su importancia económica es no memos subjetiva, admite la crítica y la variación por unas bases distintas.

Variable 3. Clase e importancia del trabajo a realizar *(ex ante)* **o realizado** *(ex post)*,

Se le asignan cuatro calificaciones: **poca, bastante, mucha, muchísima**; niveles de equivalencia: **bajo, medio, alto, muy alto**. La propia naturaleza de la variable excluye la calificación de nula.

Encargo o trabajo de **poca** importancia, nivel **bajo**. Exige poco rigor técnico, para el que no se requieren grandes conocimientos en la materia objeto del encargo.

Encargo o trabajo de **bastante** importancia, nivel **medio**. Presenta cierta complejidad en su realización.

Encargo o trabajo de **mucha** importancia, nivel alto. Muy complejo, para el que se precisa una gran experiencia por parte del profesional.

Encargo o trabajo de **muchísima** importancia, nivel **muy alto.**, de un alto grado de complejidad para el que son precisos vastos conocimientos en la materia, experiencia y probablemente, la colaboración para su realización de otros expertos o equipos de expertos; otros economistas, auditores, actuarios de seguros, abogados, ingenieros, etc. especializados en la materia específica objeto del encargo.

Variable 4. Condición, importancia y capacidad económica del o de los solicitantes del encargo.

Se le asignan cuatro calificaciones: **poca, bastante, mucha, muchísima**, niveles de equivalencia: **bajo, medio, alto, muy alto**. La propia naturaleza de la variable excluye la calificación de nula.

De **poca** importancia y capacidad económica nivel **bajo,** El o los solicitantes del encargo son individuales, personas físicas o sociedades, sin relevancia económica conocida o aparente.

De **bastante** importancia, nivel **medio**. El o los solicitantes del encargo son personas físicas, con cierta capacidad económica, y/o sociedades de cierta importancia.

De **mucha importancia**, nivel **alto**. El o los solicitantes del encargo son sociedades mercantiles grandes o personas físicas u otras entidades sin personalidad jurídica, con capacidad económica alta.

De **muchísima importancia**, nivel **muy alto**. El o los solicitantes del encargo son sociedades multinacionales.

Para la determinación de la condición, importancia y capacidad económica deberá analizar la cuantía de los fondos propios, de la cifra de negocios, la importancia conocida de las sociedades y/o de las marcas, etc. que le permitan su calificación: Registro Mercantil, agencias de información, información internet, etc.

Variable 5. Dificultades previstas *(ex ante)* **o halladas** *(ex post)* **en la realización del encargo.**

Se le asignan cinco calificaciones: **ninguna, pocas, bastantes, muchas. muchísimas**; niveles de equivalencia: **nulo, bajo, medio, alto, muy alto**.

Encargo sin **ninguna** dificultad, nivel **nulo**, sería aquel en que no se prevén *(ex ante)* o no se han presentado *(ex post)* dificultades en su realización. El trabajo del profesional y de sus colaboradores, una vez realizado, ha sido fluido y sin inconvenientes.

Encargo de **pocas** dificultades, nivel **bajo**, se identificaría con aquel en que sin que las dificultades previstas o halladas puedan calificarse de importantes, algunas habrá o las ha habido, aunque de poca importancia.

Encargo con **bastantes** dificultades, nivel **medio**, sería aquel en cuya realización el profesional y sus colaboradores prevén hallar o han hallado dificultades que habrán o ha tenido de subsanar, entre ellas, realizado el encargo, la relativa poca colaboración por parte del cliente.

Encargo con **muchas** dificultades, nivel **alto**, es aquel en que se prevén desde el inicio o en el cumplimiento del encargo muchas dificultades y/o poca colaboración por parte del cliente. En el último caso el profesional y sus colaboradores no han podido seguir el ritmo de trabajo programado.

Encargo con **muchísimas** dificultades, nivel **muy alto**, es aquel en que se han previsto grandes dificultades o realizado el trabajo, además de no haberse podido seguir el ritmo programado, la colaboración del cliente ha sido mínima o nula.

Circunstancias externas ajenas a la voluntad del cliente convierten al encargo en una de las citadas calificaciones.

Variable 6. Urgencia con que haya de ser o haya sido realizado el encargo.

Se le asignan cinco calificaciones: **ninguna, poca, bastante, mucha, muchísima**, niveles de equivalencia: **nulo, bajo, medio, alto, muy alto**.

Encargo realizado si **ninguna** urgencia, nivel **nulo**. El tiempo entre el inicio del encargo hasta el día de su cumplimentación es muy amplio: habrá o ha habido tiempo más que suficiente para su realización.

Encargo realizado con **poca** urgencia, nivel **bajo**. El tiempo entre el inicio del encargo hasta el día de su cumplimentación es muy amplio: habrá o ha habido tiempo más que suficiente para su realización.

Encargo de **bastante** urgencia, nivel **medio**. El tiempo entre el inicio del encargo hasta el día de su cumplimentación, por razones ajenas al profesional, es corto. Habrá de o ha tenido que ser realizado en relativo poco tiempo y con cierta prisa.

Encargo de **mucha** urgencia, nivel **alto**. El tiempo entre el inicio del encargo hasta el día de su cumplimentación, por razones ajenas al profesional, es muy corto, habrá de o ha tenido que ser realizado en muy poco tiempo y por ello con prisas.

Encargo de **muchísima** urgencia, nivel **muy alto**. El tiempo entre el inicio del encargo hasta el día de su cumplimentación, por razones ajenas al profesional, es mínimo; en encargo habrá de o ha tenido que ser realizado en poquísimo tiempo, el profesional y colaboradores habrán de o han tenido que suspender otros trabajos, otros encargos para dedicarse por completo al encargo urgente.

Variable 7. Nivel de conocimientos requeridos por parte del profesional y sus colaboradores. Experiencia.

Procede evaluarlos siguiendo idéntico criterio que para las variables exógenas

Se le asignan cuatro calificaciones referidas a la experiencia: **poca, bastante, mucha, muchísima**, niveles de equivalencia: **bajo, medio, alto, muy alto**. La propia naturaleza de la variable excluye la calificación de nula.

Nivel de conocimientos **bajo**. Encargo para el que no son precisos unos conocimientos especializados demasiado elevados por parte del profesional y de sus colaboradores. Podría ser los de un profesional recién finalizada su especialización y por ello con **escasa, poca, o incluso nula experiencia**, por lo que será necesario para su realización el apoyo y la colaboración de un profesional con experiencia.

Nivel de conocimientos medio. Encargo cuya realización requiere que el profesional tenga **bastante** experiencia por haber realizado trabajos similares al del encargo.

Nivel de conocimientos alto. Encargo cuya realización requiere que el profesional tenga **mucha** experiencia en la materia objeto del mismo.

Nivel de conocimientos muy alto. Encargo que, dado su grado de complejidad y/o de dificultad requiere que el profesional tenga **muchísima** experiencia.

Variable 8. Categoría profesional o rango del profesional (caché).

Se le asignan cuatro calificaciones: **poca, bastante, mucha, muchísima**, niveles de equivalencia: **bajo, medio, alto, muy alto**. La propia naturaleza de la variable excluye la calificación de nula.

Categoría o rango de nivel **bajo**, calificación **poca**. Profesional carente de reconocimiento profesional.

Categoría o rango de nivel **medio**, calificación **bastante**. Profesional a quien se le empieza a reconocer profesionalmente.

Categoría o rango de nivel **alto**, calificación **mucha**. Profesional reconocido profesionalmente.

Categoría o rango de nivel **muy alto**, calificación **muchísima**. Profesional altamente experimentado con vastos conocimientos en su especialidad profesional alcanzados en años de profesión con éxito, con un alto reconocimiento y prestigio profesionales.

Variable 9. Mérito de la actuación apreciado por el propio profesional en razón a la calidad del trabajo realizado

Variable sólo evaluable **ex post**

Se le asignan cuatro calificaciones: **poco, bastante, mucho, muchísimo**, niveles de equivalencia: **bajo, medio, alto, muy alto**. La propia naturaleza de la variable excluye la calificación de nula.

Trabajo estimado por el propio profesional, autocalificado como de **poca** calidad técnica, nivel **bajo**. El profesional no ha quedado satisfecho del trabajo realizado, cualquiera que sea la causa. Se halla dentro de esta calificación aquellos dictámenes o informes en pruebas periciales contables o económicas en los que se deja constancia de la imposibilidad de realización de la prueba completa, y sólo se ha podido realizar una prueba parcial por carencia de información y documentaciones.

Trabajo estimado por el propio profesional, autocalificado como de **bastante** calidad técnica, nivel **medio**. El profesional, aun cuando considera pudiera haberse hecho mejor de haberse dado determinadas circunstancias, ha quedado bastante satisfecho del trabajo realizado.

Trabajo autocalificado como de **mucha** calidad técnica, nivel alto. El profesional ha quedado muy satisfecho del trabajo realizado.

Trabajo autocalificado como de **muchísima** calidad técnica, nivel **muy alto**. El profesional ha quedado plenamente satisfecho del trabajo realizado por haberse dado todas la circunstancias favorables para ello.

Variable 10. Importancia del informe en el resultado del negocio de que se trate. En pruebas periciales en procedimientos judiciales, importancia del dictamen o informe pericial en la decisión del litigio.

Se le asignan cuatro calificaciones referidas la incidencia del dictamen o informe en el resultado del litigio, según estimación razonada de las probabilidades de éxito consideradas en su virtualidad, no en términos matemáticos: **pocas, bastantes, muchas, muchísimas**, niveles de equivalencia: **bajo, medio, alto, muy alto**. La propia naturaleza de la variable excluye la calificación de nula.

Pocas probabilidades de éxito, nivel **bajo**, El perito estima que, según su criterio, el dictamen o informe habrá de tener muy poca incidencia en el resultado del litigio.

Bastantes probabilidades de éxito, nivel **medio**. Bastante probable de que el dictamen o informe tenga una incidencia en el resultado favorable del negocio.

Muchas probabilidades de éxito, nivel **alto**. La incidencia del dictamen o informe en el resultado favorable del litigio es elevada.

Muchísimas probabilidades de éxito, nivel **muy alto.**

Según lo expuesto, la determinación del precio de un trabajo o encargo puede hacerse en razón: solo del tiempo invertido en la realización del trabajo o encargo o solo de las variables esenciales o de ambos, combinados.

9

PROCEDIMIENTOS COMBINADOS

Trata de la cuantificación del precio de facturación mediante una combinación del cómputo en razón del tiempo y en razón de las variables esenciales o solo en razón de las variables esenciales (cuadro 1).

CUADRO 1

PROCEDIMIENTOS COMBINABLES Y NO COMBINABLES	
Cómputo en razón a:	Combinable / No combinable
Cuantía	No combinable
Tiempo	Combinables
Variables	

9.1. Evaluación de las variables. Fijación del precio de facturación en razón al tiempo combinado en razón de las variables

Se plantea la problemática de asignar valores a las variables, valorarlas, en absoluto objetivos, siempre subjetivos, ya que no hay modo de eliminar la carga de subjetividad en la aplicación de las variables, por lo que el profesional se hallará aquí ante la incertidumbre alegada al principio, ya que ningún procedimiento habrá de resolver la cuestión de la evaluación de las variables en base objetiva, debiendo ser el propio profesional o unidad quien asigne valores para cada una de las variables de modo subjetivo. A continuación, no obstante, se dan tres posibles modos de evaluación de las variables, ninguno objetivo: **evaluación por puntos, evaluación por porcentuales o por tantos por mil, evaluación por módulos.** Excepto a primera que pudiera evaluarse con independencia de la evaluación en razón del tiempo, las otras dos van concatenadas al factor tiempo.

La aplicación por parte del profesional o de la unidad ha de hacerse con las oportunas reservas.

9.2. Evaluación por puntos

La evaluación por puntos consiste en asignar puntos a cada grado de calificación de las variables. Valorando la suma de los puntos por un valor subjetivamente asignado a cada punto se obtiene el valor de las variables sin hacer intervenir en el cálculo el tiempo.

El cuadro 7 se expone un ejemplo de la fijación del precio en razón solo de las variables por puntos.

CUADRO 7

HOJA DE EVALUACIÓN DE VARIABLES POR PUNTOS						
		CALIFICACIONES. NIVELES DE EQUIVALENCIA				
VARIABLES		Ningun/a Nulo	Poco/a Bajo	Bastante/s Alto	Mucho/s Alto	Muchísimo/s Muy alto	Total
		0	1	2	3	4	
1	Naturaleza, y complejidad asunto objero encargo			2			2
2	Clase e importacia económica encargo			2			2
3	Clase, importancia trabajo a realizar				3		3
4	Condición, importancia, capacidad económic solicintantes				3		3
5	Dificultades previstas		1				1
6	Urgencia	0					0
7	Nivel de conocimientos necesario				3		3
8	Categoría, rando profesional (caché)					4	4
9	Mérito actuación apreciado	0					0
10	Importanca informe en el resultado del asunto o negocio				3		3
11	Total puntos por niveles y totales	0	1	4	12	4	21
	Valor punto.- 750 €						
	Valor variables.- Niveles de equivalencia x valor punto	0	750	3000	9000	3000	15750

La evaluación combinada sería calcular el valor de cada punto por cociente entre la evaluación hallada en razón del tiempo y el número puntos máximos que puede asignarse a las variables, y obtener el valor de las variables multiplicando los puntos totales asignados por el valor del punto.

El cuadro 8 se expone un ejemplo de la fijación del precio en razón del tiempo combinado en razón de la variables por puntos.

CUADRO 8

HOJA DE EVALUACIÓN DE VARIABLES POR PUNTOS COMBINADA CON COMPUTO EN RAZON DEL TIIEMPO							
	CALIFICACIONES. NIVELES DE EQUIVALENCIA						
VARIABLES	Ningun/a Nulo	Poco/a Bajo	Bastante/s Alto	Mucho/s Alto	Muchísimo/s Muy alto	Total	Valor
	0	1	2	3	4		
1 Importacia económica encargo			2			2	
2 Clase, importancia trabajo a realizar				3		3	
3 Dificultades previstas		1				1	
4 Naturaleza, complejidad encargo			2			2	
5 Condición, importancia solicintantes				3		3	
6 Urgencia	0					0	
7 Nivel de conocimientos necesario				3		3	
8 Categoría, rando profesional (caché)					4	4	
9 Mérito actuación apreciado	0					0	
10 Importanca en decisión del pleito				3		3	
Total puntos por niveles y totales	0	1	4	12	4	21	
Valor calculado en razón del tiempo							20.000
Valor punto, en razón a la máxima puntación de cada variable		Variables	10	Puntuación max	4	40	
Valor punto calculado en razón del cociente entre valor tiempo y máxima puntuación							
Valor en razón del tiempo				20.000			
Máxima puntuación					40		
valor punto.- 20.000 : 40						500	
Valor calculado en razón de las variables	puntos	21	valor punto	500	valor variables		10.500
Precio total; = valor calculado en razón del tiempo incrementado en el valor de las variables							30.500

63

9.3. Evaluación por porcentuales o por tantos por mil

Consiste en asignar a cada calificación un porcentual en razón a una escala predeterminada, computando el valor económico de cada una de las calificaciones de cada variable por aplicación de los porcentuales sobre el importe calculado en razón del tiempo de intervención.

Partiendo de una escala de base decimal, por ejemplo: 0,1 % a 1 %, o 0,1 ‰. El profesional habrá de elegir el intervalo que considere razonable según su personal apreciación, dentro de la escala y para cada una de las calificaciones y niveles de cada variable, los tramos dentro del intervalo elegido que considere convenientes y/o adecuados y asignar a cada calificación y nivel un porcentual con el que evaluar cada una de las variables, La razonabilidad del intervalo elegido entra dentro de la subjetividad del profesional. Los tramos de la escala decimal elegida pueden ser en décimas o centésimas, consideradas en tanto por ciento (%) o en tanto por mil (‰). Asignado el porcentual o tanto por mil elegido para cada calificación y nivel de cada variable, la valoración se obtendrá con la aplicación del porcentaje sobre el valor del precio calculado en razón al tiempo.

Por agregación de los valores obtenidos de las valoraciones de las calificaciones o niveles de cada variable más el valor en razón del tiempo se obtiene el precio total del encargo.

En el cuadro 9 se expone un ejemplo de la fijación del precio de un trabajo o encargo en razón del tiempo incrementado en razón de la valoración de las variables por porcentuales.

CUADRO 9

HOJA DE EVALUACIÓN DE VARIABLES POR PORCENTUALES COMBINADA CON COMPUTO EN RAZON DEL TIIEMPO							
	CALIFICACIONES. NIVELES DE EQUIVALENCIA						
VARIABLES	Ningun/a Nulo	Poco/a Bajo	Bastante/s Alto	Mucho/s Alto	Muchísimo/s Muy alto	Total	Valor
	0	1	2	3	4		
1 Importacia económica encargo			2			2	
2 Clase, importancia trabajo a realizar				3		3	
3 Dificultades previstas		1				1	
4 Naturaleza, complejidad encargo			2			2	
5 Condición, importancia solicintantes				3		3	
6 Urgencia	0					0	
7 Nivel de conocimientos necesario				3		3	
8 Categoría, rando profesional (caché)					4	4	
9 Mérito actuación apreciado	0					0	
10 Importanca en decisión del pleito				3		3	
Total puntos por niveles y totales	0	1	4	12	4	21	
Valor calculado en razón del tiempo							30.000
Porcentual	1	1	1	1	1		
	0	1	4	12	4	21	6.300
Precio total. Valor calculado en razón del tiempo combinado con el valor de las variables							36.300

65

9.4. Evaluación de las variables por módulos combinadas con el precio en razón del tiempo, horas

Consiste en aplicar el cociente de dividir la unidad por una cantidad entre 0,9 y 1, es decir: 1/0,9, 1/0,8, 1/0,7, 1/0,6, 1/0,5, 1/0,4, 1/0,3, 1/0,2, 1/1, con lo que se obtiene lo que se conviene en denominar módulos: 0,111, 0,125, 0,143, 0,167, 0,2, 0,250, 0,333, 0,5, 1,0.

Aplicando el módulo sobre la cuantía de los honorarios obtenidos del cómputo en razón del tiempo se obtiene la cuantía en razón de las variables que habrá de sumarse a aquél.

El cuadro 10 se hallan las referidas proporciones converti-das a fracciones y referidas a 1.000. 10.000. 100.000 euros que corresponden al cálculo de precios referidos al tiempo de la intervención. Así que calculado el precio antes de la apli-cación de las variables, por ejemplo, en 10.000 €, valorada una sola de las variables (o todas) a criterio del profesional) aplicando el módulo 1,9 = 0,111, se obtiene un valor para la variable o variables de 1.111 €, y un precio total incluido el valor de la variable de 11.111 €.

CUADRO 10

EVALUACIÓN DE LAS VARIABLES POR MÓDULOS SOBRE EL PRECIO EN RAZÓN DEL TIEMPO - HORAS									
Precio en razón del tiempo	Módulos								
	1/9	1/8	1/7	1/6	1/5	1/4	1/3	1/2	1
	0,1111	0,1250	0,1429	0,1667	0,2000	0,2500	0,3333	0,0109	1,0000
1.000	111	125	143	167	200	250	333	500	1.000
10.000	1.111	1.250	1.429	1.667	2.000	2.500	3.333	5.000	10.000
100.000	11.111	12.500	14.286	16.667	20.000	25.000	33.333	50.000	100.000

10

DEFENSA Y OBJECIONES A LA DETERMINACIÓN DE PRECIOS DE FACTURACIÓN EN RAZÓN DE LAS VARIABLES COMBINADAS O NO CON EL TIEMPO

La determinación del precio de trabajos, encargos o servicios mediante la aplicación de las variables supone de inicio la necesidad de aceptar operar con una carga de subjetividad ínsita en el modelo que invalida de inicio toda pretensión de objetividad, pero es que no existe, como se ha dicho, ningún procedimiento en base objetiva para evaluar las variables que no obstante existen y deben ser tenidas en cuenta a la determinación de los precios.

Existe el consenso generalizado incluso, según se ha dicho, por los tribunales de justicia, en admitir la existencia de variables, pues basta con leer las sentencias sobre litigios por honorarios profesionales, para cerciorarse de su aceptación, pero sin embargo no respecto a la forma, procedimiento o método de su evaluación porque no la hay.

En tal sentido se da la paradoja de la innegable existencia de unas variables que existen en todos los trabajos o encargos y sin embargo se da imposibilidad de su evaluación a través de elementos objetivos.

Lo que es cierto es que toda pretensión de eludir la aplicación de las variables en la fijación de los precios es insostenible.

Y esa ausencia de posibilidad de determinación objetiva no deja de ser, en ocasiones, un subterfugio para inadmitir evaluaciones basadas en precios subjetivos por aplicación de las variables, lo que no sucede con el computo en razón de tiempo que aquí sí que no se discute su objetividad y lo único discutible puede ser la cuantía del tiempo, horas, invertido y el precio, si acaso, al que ha sido calculado ese tiempo.

La ausencia de objetividad en la determinación de la evaluación de las variables obliga a los profesionales tomar decisiones subjetivas, puesto que no hay otro modo, como se ha dicho, de determinar su evaluación.

El caso más claro en el que se advierte la realidad de las variables es el del médico cirujano citado en el capítulo 8. Según se vio, ahí no interviene en absoluto el tiempo en la fijación del precio de una intervención quirúrgica, sino una evaluación subjetiva en ausencia de reglas objetivas determinantes del pecio de los actos médicos ya que solo intervienen algunas sino todas las variables en tal caso conjugadas.

Aun cuando el sistema de facturación por aplicación de variables es, como se ha dicho, reconocido por todas las corporaciones profesionales e incluso por la jurisprudencia, el hecho cierto es que los usuarios de tales servicios profesionales, cualquier servicio, no entienden (o no quieren entender) el porqué de la fijación del precio por tal procedimiento, el cual por su condición de procedimiento subjetivo resulta difícil de defender frente al de la fijación en razón del tiempo, que este si es objetivo. Por tal motivo se desaconseja al profesional desvelar el procedimiento empleado si es el de las variables, aunque, por otra parte, tampoco resulta conveniente ni siquiera necesario informar del tiempo a emplear *(ex ante)* o empleado *(ex post)*.

11

PRECIO CERRADO. EXCEPCIONES. PRECIO DE NEGOCIACIÓN. PRECIO MARGINAL

11.1. Precio cerrado. Excepciones

Determinado el precio del trabajo o servicio por evaluación ex ante, procede preparar el presupuesto que habrá de someterse al cliente para su aceptación.

El precio fijado en el presupuesto debe considerarse invariable, pues no sería ético dar un presupuesto y someterse luego a la pretensión del cliente de rebajarlo

Si el cliente considera elevado el presupuesto y lo comunica al profesional solicitando la revisión del precio y que reconsidere la posibilidad de una rebaja, y mantiene su solicitud con contundencia, la recomendación que procede hacer al profesional ante semejante actitud por parte del cliente es rotunda; el profesional jamás debe acceder a la pretensión del cliente de una rebaja en el precio puesto que acceder rebajando el precio es considerado una falta de ética y de seriedad profesional inadmisible. Debe informar al cliente que el presupuesto ha sido minuciosamente calculado por lo que no admite modificación alguna.

Sin embargo, como toda regla tiene su excepción, también aquí la hay. Se trata de un efugio no ausente de ética. La excepción válida para la admisión de un ajuste, que no rebaja, en el precio es prever en el presupuesto que solo de darse determinadas circunstancias habrían de permitir un ajustes. El presupuesto deberá contemplar para ello las circunstancias que permitan el ajuste. La única circunstancias admisible es que ciertos trabajos en determinadas fases del encargo incluidos en el precio del presupuesto, no deban ser realizadas necesariamente por personal del profesional.

Un ejemplo: un economista a quien se le encarga un determinado trabajo de revisión de determinadas cuentas, esta ínsito en el trabajo de ese encargo el manejo de muchas documentaciones, en ocasiones ingente, encaminadas a las verificaciones procedentes, por ejemplo: conciliaciones de cuentas y análisis de la composición de saldos. Ese trabajo que en principio habrá sido previsto realizarlo por personal del despacho del economista, puede pactarse con el cliente que en caso de destinar personal de la empresa para los trabajos, análisis de documentaciones, incluso de colaboración con el economista, se considerará como la excepción al ajuste del presupuesto. El presupuesto debe contemplar de una forma más o menos velada esa posibilidad de ajuste.

11.2. Precio de negociación

En actuaciones muy especiales y complejas en que hayan de decidirse determinadas circunstancias del encargo cuales modo de realizarse los trabajos, intervención en ellos de otros profesionales del despacho o ajenos a él, puede ser objeto de una negociación previa entre el profesional y el cliente en la que habrá de determinarse el precio del encargo. Como en toda negociación admite toda clase de propuestas, ofertas, sugerencias, etc.

Puede darse, por ejemplo, en la determinación en un despacho de ingenieros en la negociación del coste del proyecto y posterior dirección en la construcción de un complejo industrial. Como en toda negociación también aquí se requiere la predisposición que deben asumir ambas partes, cliente y profesional, desde el inicio, a fin de que, ambas salgan beneficiadas tras el acuerdo en el precio. Es lo que se conoce como juego de suma no nula y por *win-win*.

En cualquier caso el coste de oportunidad está siempre latente en la cuestión de los precios de negociación. La actitud del profesional en la negociación será diferente cuando tiene una cartera de encargos a cumplimentar razonable que cuando tiene pocos encargos. Existe en el primer caso un coste de oportunidad que le permite rehusar el encargo cuyo precio de negociación no alcance, no se ajuste a las previsiones del profesional y que de aceptarlo le obligaría a posponer sino renunciar a la realización de otro u otros encargos más rentables.

11.3. Precio marginal

Es el precio al que podría aceptarse un encargo en la negociación computando solo los costes directos, es decir solo valor del tiempo, horas de intervención, sin agregación de los costes no directos; gastos generales del despacho, pero por supuesto si el beneficio.

No es nada recomendable aceptar trabajos a precios marginales.

Y para finalizar viene aquí a colación una anécdota. Concluida la negociación sobre honorarios entre un profesional y su cliente, cerrado ya el trato en 30.000 euros, en una conversación inmediata, ya distendida, el cliente dice al profesional:

— *Yo hubiera pagado 50.000 euros,*

A lo que el profesional responde:

— *Y yo hubiera bajado hasta 10.000.*

12

ESTUDIOS COMPARATIVOS DE HONORARIOS DE ESPAÑA Y PAÍSES DE LA UNIÓN EUROPEA

La referencia a un caso concreto de honorarios, los de los auditores de cuentas por los servicios de auditoría de cuentas, es interesante la referencia al estudio del Instituto de Contabilidad y Auditoría de Cuentas —ICAC— conjuntamente con ASEPUC (2029-2022) «Estudio comparativo de los honorarios de auditoría en España y países más relevantes de la Unión Europea» en él se aborda la regulación de los honorarios de los servicios de auditoria en España y países de la Unión Europea comentando las diferencias con los del Reino Unido y Estados Unidos.

El estudio hace una referencia a la Directiva 2014/56 y Reglamento de la UE 537/2014 sobre las auditorias en general, las de las entidades de interés púbico en particular.

El Estudio concluye con un exhaustivo análisis empírico sobre tales honorarios e incluye una amplia bibliografía sobre la materia de los honorarios de auditoría.